Joyeux Noël: Bilingual French-English Christmas Stories for Kids

Pomme Bilingual

Published by Pomme Bilingual, 2024.

While every precaution has been taken in the preparation of this book, the publisher assumes no responsibility for errors or omissions, or for damages resulting from the use of the information contained herein.

JOYEUX NOËL: BILINGUAL FRENCH-ENGLISH CHRISTMAS STORIES FOR KIDS

First edition. July 4, 2024.

Copyright © 2024 Pomme Bilingual.

ISBN: 979-8224673810

Written by Pomme Bilingual.

Table of Contents

L'Étrange Noël de Gaston Grinchou

Il était une fois, dans un petit village enneigé appelé Saint-Grégoire, un petit garçon nommé Gaston Grinchou. Gaston était un enfant un peu spécial, pas comme les autres. Pendant que les autres enfants couraient dans les rues couvertes de neige avec des éclats de rire, Gaston se tenait toujours à l'écart, seul avec son livre de contes. Ce n'était pas que Gaston n'aimait pas Noël, oh non, il adorait Noël ! Mais il avait une drôle de manière de le célébrer.

La maison de Gaston était différente des autres maisons décorées avec des guirlandes étincelantes et des boules scintillantes. Non, la maison de Gaston était recouverte d'une immense couverture en laine grise et d'une chaîne de lanternes tristes. Son père, Monsieur Grinchou, n'aimait pas non plus Noël. Il disait toujours : « Noël, c'est une invention pour nous faire acheter des choses que nous n'avons pas besoin. »

La mère de Gaston, Madame Grinchou, était gentille mais très occupée avec ses paniers de légumes et ses épices. Elle se contentait de sourire timidement pendant que Gaston se perdait dans ses livres. Un jour, avant Noël, alors que la neige tombait doucement sur les toits, Gaston trouva un livre très spécial dans une vieille boutique d'antiquités.

Le livre était relié en cuir rouge et doré et portait le titre « Les Secrets Magiques du Noël Perdu ». Excité, Gaston l'emporta chez lui. Ce livre parlait d'une magie oubliée, d'un Noël pas comme les autres. Selon le livre, chaque année, le Père Noël cachait un énorme cadeau dans un endroit très spécial. Ce cadeau pouvait être n'importe quoi : un jouet, un livre, ou même un coffre au trésor rempli de surprises.

« Cela doit être incroyable ! » pensa Gaston. Il décida de partir à la recherche de ce cadeau mystère. Ses parents étaient un peu sceptiques, mais Gaston était déterminé. Il se rendit donc dans les bois, en suivant les indices mystérieux que le livre lui fournissait. Il y avait des énigmes à résoudre, des chemins à découvrir, et des créatures magiques à rencontrer.

Il rencontra une famille de lutins, des renards qui parlaient, et même un vieux sapin qui avait la capacité de chanter des chansons de Noël. Gaston résolut des énigmes et surmonta des obstacles avec courage et intelligence. Chaque fois qu'il réussissait, un petit fragment de la magie de Noël brillait plus fort dans son cœur.

Finalement, après plusieurs jours d'aventures, Gaston trouva le cadeau caché. C'était une magnifique boîte en bois décorée de cristaux étincelants. À l'intérieur, il y avait une note écrite de la main du Père Noël lui-même : « Cher Gaston, tu as montré un courage et une gentillesse remarquables. Ce cadeau est pour toi, mais la vraie magie de Noël est dans le partage. »

Gaston revint chez lui avec le cœur rempli de joie. Il décida de partager son cadeau avec les habitants de Saint-Grégoire. Il organisa une grande fête où tout le monde était invité. Les gens venaient avec des plats délicieux, des chansons joyeuses, et des rires contagieux.

Le père de Gaston, Monsieur Grinchou, était si surpris de voir tous les sourires et les rires que son cœur se réchauffa. Il aida même à décorer la maison avec des guirlandes lumineuses et des étoiles étincelantes. La maison de Gaston brilla comme jamais auparavant, et toute la ville se remplit de la véritable magie de Noël.

Gaston découvrit que le plus grand cadeau n'était pas celui qu'il avait trouvé dans les bois, mais la joie de partager et de se rassembler avec ceux qu'on aime. Et à partir de ce Noël-là, la famille Grinchou célébra chaque année avec beaucoup de joie, de rire, et de lumière.

Le vieux livre, quant à lui, trouva une place spéciale sur l'étagère de Gaston. Et chaque Noël, Gaston le feuilletait avec ses amis, leur racontant les aventures qu'il avait vécues et leur montrant que la magie de Noël est quelque chose que l'on crée avec le cœur.

The Strange Christmas of Gaston Grinchou

Once upon a time, in a small snowy village called Saint-Grégoire, there was a little boy named Gaston Grinchou. Gaston was a rather special child, not quite like the others. While other children ran through the snow-covered streets with bursts of laughter, Gaston always stayed to himself, alone with his storybook. It wasn't that Gaston didn't like Christmas—oh no, he loved Christmas! But he had a peculiar way of celebrating it.

Gaston's house was different from the others decorated with sparkling garlands and shimmering baubles. No, Gaston's house was covered with a huge gray wool blanket and a chain of sad lanterns. His father, Mr. Grinchou, didn't like Christmas either. He always said, "Christmas is a ploy to make us buy things we don't need."

Gaston's mother, Mrs. Grinchou, was kind but very busy with her vegetable baskets and spices. She merely smiled timidly while Gaston lost himself in his books. One day, just before Christmas, as snow gently fell on the rooftops, Gaston found a very special book in an old antique shop.

The book was bound in red and gold leather and bore the title "The Magical Secrets of the Lost Christmas." Excited, Gaston took it home. This book talked about a forgotten magic, a Christmas unlike any other. According to the book, every year,

Santa Claus hid an enormous gift in a very special place. This gift could be anything: a toy, a book, or even a treasure chest full of surprises.

"This must be amazing!" thought Gaston. He decided to go in search of this mysterious gift. His parents were a bit skeptical, but Gaston was determined. So he set off into the woods, following the mysterious clues the book provided. There were riddles to solve, paths to discover, and magical creatures to meet.

He encountered a family of elves, talking foxes, and even an old pine tree that could sing Christmas carols. Gaston solved riddles and overcame obstacles with courage and intelligence. Each time he succeeded, a little bit of Christmas magic shone brighter in his heart.

Finally, after several days of adventure, Gaston found the hidden gift. It was a beautiful wooden box decorated with sparkling crystals. Inside was a note written by Santa Claus himself: "Dear Gaston, you have shown remarkable courage and kindness. This gift is for you, but the true magic of Christmas is in sharing."

Gaston returned home with a heart full of joy. He decided to share his gift with the people of Saint-Grégoire. He organized a grand party where everyone was invited. People came with delicious dishes, joyful songs, and contagious laughter.

Gaston's father, Mr. Grinchou, was so surprised to see all the smiles and laughter that his heart warmed up. He even helped decorate the house with twinkling garlands and shining stars. Gaston's house sparkled like never before, and the whole town was filled with the true magic of Christmas.

Gaston discovered that the greatest gift was not the one he had found in the woods but the joy of sharing and gathering with loved ones. And from that Christmas on, the Grinchou family celebrated each year with lots of joy, laughter, and light.

As for the old book, it found a special place on Gaston's shelf. And every Christmas, Gaston would flip through it with his friends, telling them about the adventures he had experienced and showing them that the magic of Christmas is something you create with your heart.

Les Incroyables Aventures de Léonard

Dans le petit village de Montétoile, niché au sommet d'une colline, vivait un garçon nommé Léonard. Léonard était un enfant débordant d'énergie et de curiosité. Ses yeux pétillants de malice et ses cheveux en bataille le rendaient unique dans son village où tout le monde était plutôt tranquille. Il avait une passion pour les mystères et les aventures, et à l'approche de Noël, son enthousiasme atteignait son paroxysme.

Chaque année, Montétoile se transformait en un véritable paradis hivernal. Les maisons se couvraient de guirlandes scintillantes, les sapins de Noël étaient ornés de boules colorées et les marchés regorgeaient de délicieuses friandises. Mais cette année, Léonard avait entendu une rumeur étrange : un mystérieux cadeau était caché quelque part dans la Montagne Étoilée, la montagne majestueuse qui dominait le village.

Léonard était absolument déterminé à découvrir ce secret. Il décida de se lancer dans une aventure, malgré les avertissements de sa grand-mère, Mamie Rose, qui disait toujours : « Léonard, la Montagne Étoilée est pleine de mystères et de dangers ! Reste à la maison ! » Mais Léonard était insensible aux mises en garde de Mamie Rose. Il avait un esprit aventureux et un cœur rempli de courage.

Le matin de Noël, Léonard se réveilla tôt. Il enfila ses bottes, enroula une écharpe autour de son cou et se prépara à affronter la montagne. Il emporta avec lui un sac plein de provisions : des biscuits au gingembre, des pommes, et une grande bouteille de chocolat chaud. Il prit aussi sa boussole, un vieux carnet et un stylographe, tout prêts pour noter les indices.

La montée vers la Montagne Étoilée était plus difficile que Léonard ne l'avait imaginé. La neige était épaisse et les sentiers étaient glissants. Mais Léonard était déterminé. Il suivait les traces mystérieuses laissées par les animaux, des empreintes de pattes inhabituelles qui semblaient conduire vers le sommet de la montagne.

À mesure qu'il progressait, il découvrit des choses étonnantes. Il rencontra un groupe de lapins qui portaient des lunettes et discutaient de mathématiques complexes. Léonard s'arrêta pour les saluer, mais les lapins, préoccupés par leurs calculs, ne remarquèrent même pas sa présence.

Plus haut, il trouva un renne aux grandes cornes dorées qui, au lieu de tirer un traîneau, se déplaçait en flottant comme un ballon. Le renne, se nommant Étoile, expliqua à Léonard qu'il était en pause avant la grande nuit de Noël et accepta de l'aider en lui indiquant le chemin vers une grotte mystérieuse.

Léonard entra dans la grotte, éclairée par des cristaux lumineux qui faisaient scintiller les parois. À l'intérieur, il trouva un vieux coffre en bois décoré de motifs en or. Il y avait un cadenas complexe sur le coffre, avec une serrure en forme d'étoile. Léonard sortit son carnet et essaya de résoudre le mystère du cadenas en utilisant les indices qu'il avait collectés en route.

Il passa des heures à étudier le cadenas et à essayer différentes combinaisons. Alors qu'il était sur le point d'abandonner, il entendit un bruit doux, comme un murmure venant des cristaux eux-mêmes. Les cristaux semblaient briller plus fort et Léonard remarqua une inscription à peine visible sur l'un d'eux : « La clé se trouve dans le cœur de Noël. »

Léonard réfléchit un instant, puis il se souvint de ce que sa grand-mère lui avait souvent dit : « Le cœur de Noël est le véritable esprit de la fête. » Il comprit que la réponse était simple : il devait penser à ce qui rend Noël spécial pour lui.

Il ferma les yeux et pensa à sa famille, aux fêtes qu'il passait avec ses amis, aux chants de Noël et à la joie des cadeaux partagés. Lorsque Léonard rouvrit les yeux, il sut immédiatement ce qu'il devait faire. Il inséra un biscuit au gingembre dans la serrure du coffre. Le biscuit était rempli de douceur et de chaleur, exactement ce qu'il fallait pour déverrouiller le cadenas.

Le coffre s'ouvrit lentement pour révéler un magnifique cadeau entouré de lumière dorée. Léonard le déballa avec soin pour découvrir un livre ancien sur la magie de Noël. Le livre était rempli de contes merveilleux et de recettes secrètes pour créer des merveilles de Noël. À côté du livre, il y avait une lettre écrite par le Père Noël lui-même : « Cher Léonard, le vrai cadeau de Noël est la magie que l'on crée avec l'amour et le partage. Félicitations pour ta bravoure et ta curiosité. Ce livre est un symbole de cette magie. Partage-le avec ceux que tu aimes. »

Avec le livre en main, Léonard descendit la montagne avec une grande hâte. En rentrant chez lui, il trouva sa famille et ses amis réunis autour du sapin de Noël, attendant son retour avec impatience. Léonard leur raconta son aventure avec enthousiasme et leur montra le livre magique.

La famille de Léonard décida d'organiser une grande fête de Noël pour le village, en utilisant les recettes du livre. Les habitants de Montétoile se rassemblèrent pour célébrer, partageant des plats délicieux et des histoires joyeuses. Léonard avait découvert que le vrai esprit de Noël était dans le fait de partager et de se rassembler avec ceux qu'on aime.

Mamie Rose, en voyant les sourires sur les visages de tous les villageois et en entendant les rires joyeux, comprit enfin la magie de Noël que Léonard avait toujours vue. Elle embrassa son petit-fils et lui dit : « Léonard, tu as vraiment compris ce que signifie Noël. Merci de nous avoir montré que la magie se trouve dans le cœur et dans les moments que nous partageons. »

Le Noël de Montétoile fut le plus mémorable de tous les temps, et Léonard apprit que les aventures les plus précieuses étaient celles qui se partageaient avec les autres. Le livre magique trouva une place d'honneur dans la maison de Léonard, et chaque année, à Noël, Léonard et sa famille l'ouvraient pour découvrir de nouvelles histoires et de nouvelles recettes, se remémorant l'incroyable aventure qui avait fait de ce Noël un moment inoubliable.

Leonard's Incredible Adventures

In the small village of Montétoile, nestled atop a hill, lived a boy named Leonard. Leonard was a child brimming with energy and curiosity. His sparkling eyes and tousled hair made him stand out in his village, where everyone else was rather calm. He had a passion for mysteries and adventures, and as Christmas approached, his excitement reached its peak.

Every year, Montétoile transformed into a true winter wonderland. Houses were draped with glittering garlands, Christmas trees were adorned with colorful baubles, and the markets were filled with delicious treats. But this year, Leonard had heard a strange rumor: a mysterious gift was hidden somewhere on Starry Mountain, the majestic mountain overlooking the village.

Leonard was absolutely determined to uncover this secret. He decided to embark on an adventure, despite his grandmother Grandma Rose's warnings, who always said, "Leonard, Starry Mountain is full of mysteries and dangers! Stay home!" But Leonard was undeterred by Grandma Rose's warnings. He had an adventurous spirit and a heart full of courage.

On Christmas morning, Leonard woke up early. He put on his boots, wrapped a scarf around his neck, and prepared to face the mountain. He packed a bag full of provisions: gingerbread cookies, apples, and a large bottle of hot chocolate. He also took his compass, an old notebook, and a fountain pen, all ready to note down clues.

The climb up Starry Mountain was harder than Leonard had imagined. The snow was thick, and the paths were slippery. But Leonard was determined. He followed mysterious tracks left by animals, unusual paw prints that seemed to lead to the mountain's summit.

As he progressed, he discovered astonishing things. He met a group of rabbits wearing glasses and discussing complex mathematics. Leonard stopped to greet them, but the rabbits, engrossed in their calculations, didn't even notice his presence.

Higher up, he found a reindeer with large golden antlers that, instead of pulling a sleigh, floated like a balloon. The reindeer, named Star, explained to Leonard that he was on a break before the big Christmas night and agreed to help him by pointing the way to a mysterious cave.

Leonard entered the cave, illuminated by glowing crystals that made the walls sparkle. Inside, he found an old wooden chest decorated with golden patterns. There was a complex lock on the chest, with a star-shaped keyhole. Leonard took out his notebook and tried to solve the mystery of the lock using the clues he had gathered along the way.

He spent hours studying the lock and trying different combinations. Just as he was about to give up, he heard a soft sound, like a whisper coming from the crystals themselves. The crystals seemed to shine brighter, and Leonard noticed a barely visible inscription on one of them: "The key lies in the heart of Christmas."

Leonard thought for a moment, then remembered what his grandmother had often told him: "The heart of Christmas is the true spirit of the holiday." He realized that the answer was simple: he needed to think about what made Christmas special for him.

He closed his eyes and thought about his family, the celebrations he had with his friends, the Christmas carols, and the joy of shared gifts. When Leonard opened his eyes again, he immediately knew what to do. He inserted a gingerbread cookie into the lock of the chest. The cookie was filled with sweetness and warmth, exactly what was needed to unlock the chest.

The chest slowly opened to reveal a beautiful gift surrounded by golden light. Leonard unwrapped it carefully to find an ancient book about the magic of Christmas. The book was filled with wonderful tales and secret recipes for creating Christmas wonders. Next to the book was a letter written by Santa Claus himself: "Dear Leonard, the true gift of Christmas is the magic created with love and sharing. Congratulations on your bravery and curiosity. This book is a symbol of that magic. Share it with those you love."

With the book in hand, Leonard hurried down the mountain. Upon returning home, he found his family and friends gathered around the Christmas tree, eagerly awaiting his return. Leonard enthusiastically shared his adventure and showed them the magical book.

Leonard's family decided to organize a grand Christmas party for the village, using the recipes from the book. The people of Montétoile gathered to celebrate, sharing delicious dishes and joyful stories. Leonard had discovered that the true spirit of Christmas lay in sharing and coming together with loved ones.

Grandma Rose, seeing the smiles on the faces of all the villagers and hearing the joyful laughter, finally understood the Christmas magic that Leonard had always seen. She hugged her grandson and said, "Leonard, you really understood what Christmas means. Thank you for showing us that magic is found in the heart and in the moments we share."

Montétoile's Christmas became the most memorable ever, and Leonard learned that the most valuable adventures were those shared with others. The magical book found a place of honor in Leonard's home, and each year, at Christmas, Leonard and his family would open it to discover new stories and recipes, reminiscing about the incredible adventure that made that Christmas unforgettable.

Le Noël Extraordinaire de Marguerite

Dans le charmant village de Petit-Montréal, où la neige tombait doucement et recouvrait les toits de maisons pittoresques comme une couverture d'hiver, vivait une petite fille nommée Marguerite. Marguerite n'était pas une enfant ordinaire. Avec ses cheveux bouclés en désordre et ses yeux brillants de malice, elle avait une énergie débordante et une imagination sans limite. Pendant que les autres enfants jouaient tranquillement dans la neige, Marguerite concoctait des plans farfelus et des aventures incroyables dans sa tête.

À l'approche de Noël, Petit-Montréal se transformait en un véritable pays des merveilles hivernal. Les rues étaient illuminées de guirlandes étincelantes, les maisons étaient ornées de couronnes de houx et de bougies, et l'odeur des pains d'épices flottait dans l'air. Marguerite adorait Noël, mais elle avait une manière bien à elle de le célébrer. Cette année-là, elle avait une idée complètement folle qui allait transformer le village.

Le matin du 24 décembre, Marguerite se réveilla avec un sourire espiègle. Elle se leva en silence, pour ne pas réveiller ses parents, et se rendit à son atelier secret, un petit cabanon au fond du jardin, rempli de bric-à-brac et de matériaux divers. Elle avait passé des semaines à préparer son plan pour cette nuit de Noël. Son projet ? Créer une machine à souhaits de Noël !

Marguerite avait découvert un vieux livre dans la bibliothèque de son grand-père, intitulé « Les Machines Magiques de Noël ». Le livre parlait d'un mécanisme ancien qui pouvait réaliser les souhaits les plus fous pendant la nuit de Noël. Avec un brin de poussière d'étoile, un soupçon de magie et un peu d'huile de coude, Marguerite était prête à transformer ce vieux rêve en réalité.

Le cabanon était rempli de fils colorés, de boutons en tous genres, et de boîtes de bricolage. Marguerite se mit au travail, utilisant tous les outils et les matériaux qu'elle pouvait trouver. Elle se coucha tard cette nuit-là, mais avec une satisfaction immense en voyant sa machine terminée. C'était une grande construction bizarre, faite de tuyaux en cuivre, de roues dentées, et de clochettes scintillantes. À la place du traditionnel tableau de commande, elle avait installé une grande étoile dorée.

La machine était prête à être testée, et Marguerite était impatiente de voir si elle fonctionnerait. En regardant sa montre, elle s'aperçut qu'il ne lui restait que peu de temps avant minuit. La neige tombait encore plus fort maintenant, recouvrant le village d'un épais manteau blanc.

Marguerite se glissa hors de la maison avec discrétion et traîna la machine à souhaits dans la rue principale, qui était illuminée par les décorations de Noël. Elle l'installa au centre de la place du village et la mit en marche. Les lumières clignotèrent, les clochettes tinrent, et la machine se mit à vibrer avec une intensité incroyable.

Soudain, un souffle magique s'échappa de la machine, enveloppant le village d'une lueur dorée. Marguerite regarda émerveillée alors que des étoiles scintillantes commençaient à apparaître dans le ciel, comme si un feu d'artifice de Noël avait été déclenché. Les habitants de Petit-Montréal, réveillés par le spectacle, sortirent de leurs maisons, les yeux écarquillés d'émerveillement.

« Qu'est-ce que c'est que cette merveille ? » s'écria Monsieur Dupont, le boulanger, en regardant la machine avec des yeux écarquillés.

« Je crois que c'est la machine à souhaits de Noël de Marguerite ! » répondit Madame Lefebvre, la maîtresse d'école, en regardant le spectacle avec une lueur d'émerveillement dans les yeux.

Marguerite, pleine de fierté, sauta sur une boîte pour se faire entendre. « Mesdames et messieurs, je suis ravie de vous présenter ma machine ! Faites un vœu et voyez ce qui se passe ! »

Les villageois, amusés et curieux, commencèrent à faire des vœux en regardant les étoiles dansantes. Certains souhaitèrent des jouets pour les enfants, d'autres espéraient des repas délicieux pour leurs familles, et certains voulaient simplement plus de bonheur et de joie pour tout le monde. À chaque vœu, la machine à souhaits émettait des étincelles dorées et une douce mélodie de Noël.

Soudain, une douce neige commença à tomber, mais ce n'était pas une neige ordinaire. Elle était légèrement parfumée de cannelle et de clous de girofle, comme si elle avait été enchantée par la machine. Les gens se mirent à rire et à danser dans les rues, émerveillés par la magie qui enveloppait Petit-Montréal.

Marguerite regarda autour d'elle avec satisfaction. Les visages des villageois rayonnaient de bonheur, et elle se sentit remplie d'une joie immense. Alors qu'elle s'apprêtait à rentrer chez elle, elle entendit un petit bruit derrière elle. En se retournant, elle vit une petite silhouette se faufiler dans la neige.

C'était un petit garçon, Timothée, le fils du facteur. Il avait les yeux pleins de larmes et tenait un petit sac en toile. Marguerite s'agenouilla à sa hauteur. « Que se passe-t-il, Timothée ? Pourquoi es-tu triste ? »

Timothée renifla et dit d'une voix tremblante : « Je voulais faire un vœu pour mon papa. Il est malade et je voulais qu'il se rétablisse avant Noël. Mais je ne sais pas si ma maman a assez d'argent pour acheter le médicament dont il a besoin. »

Marguerite sentit son cœur se serrer. Elle pensa à tout le bonheur que sa machine avait apporté ce soir-là, et une idée lumineuse germa dans son esprit. Elle se tourna vers la machine à souhaits et fit un vœu pour Timothée et son père. Elle demanda que le père de Timothée reçoive le médicament dont il avait besoin pour se rétablir.

À peine Marguerite eut-elle formulé son vœu que la machine à souhaits émit un bruit étrange. Les clochettes tinrent encore plus fort, et un doux rayon de lumière dorée descendit sur le petit sac que Timothée tenait. En ouvrant le sac, Timothée découvrit une petite boîte contenant le médicament dont son père avait besoin.

Les yeux de Timothée s'illuminèrent de joie et de reconnaissance. « Merci, Marguerite ! Vous avez réalisé mon vœu ! » s'exclama-t-il, en serrant la boîte contre lui.

Marguerite sourit et étreignit Timothée. « Je suis heureuse que ton vœu se soit réalisé. Maintenant, va vite chez toi et prends soin de ton papa. »

Timothée courut à toute vitesse vers chez lui, le cœur léger. Marguerite retourna alors à la machine à souhaits, satisfaite d'avoir pu aider quelqu'un dans le besoin. Les villageois continuèrent à faire des vœux et à célébrer cette nuit de Noël magique, remplie de joie et de bonheur.

La nuit avançait, et les premières lueurs de l'aube commencèrent à apparaître. Marguerite, fatiguée mais heureuse, ramassa sa machine à souhaits et la ramena dans son cabanon. En entrant chez elle, elle trouva ses parents endormis dans le salon, leur visage serein et paisible. Marguerite se glissa dans son lit avec un sourire de satisfaction. Elle avait passé une nuit merveilleuse, remplie de magie et de bonheur partagé.

Le lendemain matin, Petit-Montréal se réveilla avec un air de fête et de joie. Les enfants couraient dans les rues en criant de bonheur, les familles se retrouvaient autour de tables garnies de mets délicieux, et la neige continuait de tomber doucement, ajoutant une touche de magie supplémentaire à cette journée spéciale.

Les villageois, en découvrant les surprises laissées par la machine à souhaits de Marguerite, remercièrent la petite fille pour avoir apporté une telle magie dans leur Noël. Marguerite reçut des sourires chaleureux et des étreintes de gratitude, et elle se rendit compte que la véritable magie de Noël résidait dans le bonheur et le partage.

Le soir de Noël, Marguerite se retrouva entourée de sa famille et de ses amis, tous réunis pour célébrer ensemble. Les histoires de la nuit précédente étaient racontées avec émerveillement, et les chants de Noël résonnaient dans la maison. Marguerite comprit que ce Noël serait l'un des plus mémorables de sa vie.

En se blottissant sous sa couverture, Marguerite ferma les yeux avec un sentiment de bonheur profond. Elle avait appris que la magie de Noël ne réside pas seulement dans les cadeaux ou les décorations, mais dans les moments de joie partagés et les actes de gentillesse. Elle avait transformé une nuit ordinaire en une aventure extraordinaire, et cela avait fait de ce Noël un moment inoubliable pour tout le village.

Marguerite's Extraordinary Christmas

In the charming village of Petit-Montréal, where snow gently fell and blanketed the rooftops of quaint houses like a winter duvet, lived a little girl named Marguerite. Marguerite was not an ordinary child. With her tousled curly hair and sparkling eyes full of mischief, she had boundless energy and an imagination without limits. While other children played quietly in the snow, Marguerite concocted wacky plans and incredible adventures in her head.

As Christmas approached, Petit-Montréal transformed into a true winter wonderland. The streets were lit up with sparkling garlands, houses were adorned with holly wreaths and candles, and the scent of gingerbread wafted through the air. Marguerite adored Christmas, but she had her own unique way of celebrating it. This year, she had an utterly outrageous idea that would transform the village.

On the morning of December 24th, Marguerite woke up with a mischievous smile. She got up quietly so as not to wake her parents and headed to her secret workshop, a small shed at the end of the garden filled with odds and ends and various materials. She had spent weeks preparing her plan for that Christmas Eve. Her project? To create a Christmas Wish Machine!

Marguerite had discovered an old book in her grandfather's library titled "The Magical Christmas Machines." The book spoke of an ancient mechanism that could grant the wildest wishes on Christmas Eve. With a sprinkle of stardust, a touch of magic, and a bit of elbow grease, Marguerite was ready to turn this old dream into reality.

The shed was filled with colorful wires, all sorts of buttons, and craft supplies. Marguerite got to work, using every tool and material she could find. She stayed up late that night, but with immense satisfaction as she saw her machine finished. It was a large, bizarre contraption made of copper pipes, gear wheels, and sparkling bells. Instead of a traditional control panel, she had installed a large golden star.

The machine was ready to be tested, and Marguerite was eager to see if it would work. Looking at her watch, she realized there was only a little time left before midnight. The snow was falling even harder now, covering the village with a thick white blanket.

Marguerite sneaked out of the house and dragged the Wish Machine into the main street, which was illuminated by Christmas decorations. She set it up in the center of the village square and turned it on. The lights flashed, the bells jingled, and the machine began to vibrate with incredible intensity.

Suddenly, a magical breeze escaped from the machine, enveloping the village in a golden glow. Marguerite watched in awe as sparkling stars began to appear in the sky, as if a Christmas firework had been set off. The people of Petit-Montréal, awakened by the spectacle, came out of their houses with wide eyes of wonder.

"What on earth is this marvel?" exclaimed Mr. Dupont, the baker, looking at the machine with wide-eyed amazement.

"I think it's Marguerite's Christmas Wish Machine!" replied Mrs. Lefebvre, the schoolteacher, watching the spectacle with a twinkle of wonder in her eyes.

Marguerite, full of pride, jumped onto a box to be heard. "Ladies and gentlemen, I'm delighted to present my machine! Make a wish and see what happens!"

The villagers, amused and curious, began to make wishes as they watched the dancing stars. Some wished for toys for the children, others hoped for delicious meals for their families, and some simply wanted more happiness and joy for everyone. With each wish, the Wish Machine emitted golden sparks and a sweet Christmas melody.

Suddenly, a soft snow began to fall, but it wasn't ordinary snow. It was lightly scented with cinnamon and cloves, as if enchanted by the machine. People laughed and danced in the streets, amazed by the magic that enveloped Petit-Montréal.

Marguerite looked around with satisfaction. The faces of the villagers were radiant with happiness, and she felt an immense joy. As she was about to head home, she heard a small noise behind her. Turning around, she saw a small figure sneaking through the snow.

It was a little boy, Timothée, the postman's son. His eyes were filled with tears, and he was holding a small cloth bag. Marguerite knelt down to his level. "What's wrong, Timothée? Why are you so sad?"

Timothée sniffled and said in a trembling voice, "I wanted to make a wish for my dad. He's sick and I wanted him to get better before Christmas. But I don't know if my mom has enough money to buy the medicine he needs."

Marguerite felt her heart tighten. She thought about all the happiness her machine had brought that night, and a bright idea popped into her head. She turned to the Wish Machine and made a wish for Timothée and his father. She wished that Timothée's father would receive the medicine he needed to get better.

As soon as Marguerite made her wish, the Wish Machine emitted a strange sound. The bells jingled even louder, and a gentle golden beam of light descended on the small bag Timothée was holding. When he opened the bag, Timothée found a small box containing the medicine his father needed.

Timothée's eyes lit up with joy and gratitude. "Thank you, Marguerite! You made my wish come true!" he exclaimed, hugging the box tightly.

Marguerite smiled and hugged Timothée. "I'm glad your wish came true. Now, hurry home and take care of your dad."

Timothée ran home as fast as he could, his heart light. Marguerite then returned to the Wish Machine, pleased to have helped someone in need. The villagers continued to make wishes and celebrate this magical Christmas Eve, filled with joy and happiness.

The night wore on, and the first light of dawn began to appear. Marguerite, tired but happy, collected her Wish Machine and took it back to her shed. Entering her home, she found her parents asleep in the living room, their faces serene and peaceful. Marguerite slipped into her bed with a smile of satisfaction. She had had a wonderful night, filled with magic and shared happiness.

On Christmas morning, Petit-Montréal awoke with an air of festivity and joy. Children ran through the streets shouting with happiness, families gathered around tables laden with delicious food, and the snow continued to fall gently, adding an extra touch of magic to the special day.

The villagers, discovering the surprises left by Marguerite's Wish Machine, thanked the little girl for bringing such magic to their Christmas. Marguerite received warm smiles and grateful hugs, and she realized that the true magic of Christmas lay in happiness and sharing.

On Christmas evening, Marguerite was surrounded by her family and friends, all gathered to celebrate together. The stories of the previous night were told with awe, and Christmas carols resonated through the house. Marguerite understood that this Christmas would be one of the most memorable of her life.

Cuddling under her blanket, Marguerite closed her eyes with a deep sense of happiness. She had learned that the magic of

Christmas was not only in gifts or decorations but in moments of shared joy and acts of kindness. She had turned an ordinary night into an extraordinary adventure, making this Christmas an unforgettable moment for the whole village.

L'Aventure Éblouissante de Noël de Léon le Magnifique

Dans le paisible village de Grand-Coton, où les flocons de neige tourbillonnaient comme des danseurs étoilés, vivait un jeune garçon nommé Léon. Léon n'était pas un garçon comme les autres. Avec ses cheveux châtains en bataille et ses yeux pétillants de curiosité, il passait ses journées à explorer les moindres recoins de son village, toujours à la recherche de nouvelles aventures.

À l'approche de Noël, Grand-Coton se transformait en un véritable pays des merveilles. Les maisons étaient décorées de guirlandes scintillantes, les sapins brillaient de mille feux, et les rues étaient envahies par l'odeur des marrons grillés et des biscuits de Noël. Léon adorait Noël plus que tout, mais cette année-là, il avait décidé que ce serait le plus extraordinaire des Noëls.

Le matin du 24 décembre, Léon se réveilla avec une excitation palpable. Après avoir enfilé son pull en laine rouge à pois blancs (qu'il appelait affectueusement son « pull de Noël magique »), il se rendit dans le salon pour voir ce que le Père Noël avait laissé. Mais ce qu'il découvrit le fit écarquiller les yeux : un mystérieux paquet posé sous le sapin, sans étiquette et sans nom.

Léon était impatient de découvrir ce que contenait ce paquet. Ses mains tremblaient alors qu'il déchirait le papier coloré, révélant une boîte en bois ornée de motifs dorés. Sur le couvercle, un message était inscrit : « L'Aventure Éblouissante t'attend. Suis les indices et découvre le vrai esprit de Noël. »

Léon, plein d'enthousiasme, ouvrit la boîte et trouva à l'intérieur une carte ancienne, un carnet de croquis, et un petit sac contenant des étoiles en papier doré. La carte était ornée de dessins mystérieux et de flèches pointant vers une série de lieux étranges autour du village. « Que signifie tout cela ? » se demanda Léon.

Il regarda le carnet de croquis et découvrit qu'il était rempli de dessins de différents endroits de Grand-Coton, tous marqués d'une étoile dorée. Léon réalisa qu'il devait suivre les indices pour découvrir quelque chose de spécial. Avec la carte en main et les étoiles dorées dans le sac, il se lança dans l'aventure de Noël la plus incroyable de sa vie.

Le premier indice le conduisit à la boulangerie du village. Léon entra en poussant la porte de la boulangerie où l'odeur du pain chaud et des pâtisseries fraîches envahissait l'air. La boulangère, Madame Boulard, était en train de décorer des biscuits en pain d'épices.

« Bonjour, Madame Boulard ! » s'exclama Léon. « Je suis à la recherche d'un indice pour une aventure spéciale. Avez-vous vu quelque chose d'étrange aujourd'hui ? »

Madame Boulard sourit et hocha la tête. « Hmm, maintenant que tu le mentionnes, j'ai vu un petit paquet étrange derrière le comptoir ce matin. Peut-être que cela pourrait t'aider. » Elle lui montra un paquet emballé dans un papier brillant.

Léon prit le paquet avec des yeux pleins d'espoir. En l'ouvrant, il découvrit une petite boîte contenant un autre indice : un charmant bonhomme en pain d'épices avec une étoile dorée en pendentif autour du cou. Sous le bonhomme en pain d'épices se trouvait un morceau de papier avec des instructions : « Cherche la mélodie du bonheur pour ton prochain indice. »

« La mélodie du bonheur ? » se demanda Léon. Il réfléchit un instant et se rappela que le village avait l'habitude de chanter des chants de Noël dans le parc le soir du 24 décembre. Il se rendit donc au parc, où les villageois se rassemblaient déjà pour chanter des chants de Noël.

Quand Léon arriva au parc, il vit le groupe de chanteurs joyeux, et au milieu d'eux, un petit chariot avec des instruments de musique. Léon s'approcha du chariot et aperçut un autre paquet, caché derrière les tambours. Il le saisit et l'ouvrit avec impatience. À l'intérieur, il trouva une petite boîte en métal avec une clé dorée et un message : « La clé de la prochaine étape se trouve où les lumières scintillent. »

Léon regarda autour de lui, cherchant des lumières scintillantes. Les guirlandes de Noël illuminaient les arbres du parc, créant un spectacle magique. Il suivit les lumières scintillantes jusqu'à une grande maison de bois, ornée de centaines de lumières clignotantes. La maison était celle de M. et Mme Fontaine, les habitants les plus âgés du village.

Léon frappa à la porte, et Mme Fontaine ouvrit avec un sourire chaleureux. « Bonjour, Léon ! Que fais-tu ici à cette heure-ci ? »

« Je suis à la recherche d'un indice pour une aventure de Noël. Le message dit que la clé se trouve où les lumières scintillent, alors je pense qu'elle pourrait être ici, » expliqua Léon.

Mme Fontaine hocha la tête avec compréhension et le conduisit à la salle de séjour, où une grande boîte en bois ornée de lumières clignotantes était posée près du sapin. « Peut-être que la clé est à l'intérieur de cette boîte, » suggéra Mme Fontaine.

Léon ouvrit la boîte et trouva un joli carnet relié en cuir avec des pages dorées. Sur la première page, il y avait une note écrite à la main : « Pour le prochain indice, rends-toi à l'endroit où les enfants rient et jouent. »

Léon savait exactement où aller. Il se dirigea vers la place du village, où se trouvait une grande patinoire de glace. Les enfants glissaient joyeusement sur la glace, riant et jouant. Léon chercha parmi les enfants et remarqua un stand où une petite boîte était posée sur le comptoir.

Il s'approcha du stand et demanda au vendeur, un jeune homme jovial nommé Luc, s'il avait vu quelque chose d'étrange. Luc sourit et pointa du doigt la boîte. « Ah, c'est là-bas. Il y a un message dedans. »

Léon ouvrit la boîte et trouva une carte avec une nouvelle énigme : « Cherche le dernier indice où les étoiles dansent dans le ciel. »

Léon leva les yeux et vit les étoiles scintillantes dans le ciel nocturne. Il se rendit compte que le dernier indice pourrait se trouver à la colline derrière le village, d'où l'on pouvait observer le ciel étoilé. Il grimpa la colline et, au sommet, découvrit une petite boîte cachée sous un buisson.

Il l'ouvrit et trouva un dernier message : « Félicitations, Léon ! Tu as résolu toutes les énigmes et découvert le vrai esprit de Noël. La récompense t'attend au pied du grand sapin du village. »

Léon retourna rapidement au village, se dirigea vers le grand sapin illuminé sur la place principale et trouva un paquet scintillant placé sous le sapin. Avec une excitation renouvelée, il déballa le paquet pour découvrir un livre magnifique intitulé « Les Contes Magiques de Noël ». Le livre était rempli d'histoires fantastiques et de recettes de Noël enchantées. À côté du livre se trouvait une lettre de Noël écrite par le Père Noël lui-même.

La lettre disait : « Cher Léon, tu as prouvé que le véritable esprit de Noël réside dans la quête de la joie et du bonheur pour les autres. Ce livre est pour toi, pour te rappeler que la magie de Noël se trouve dans le partage, les rires, et les aventures que nous vivons ensemble. Félicitations et joyeux Noël ! »

Léon, avec le cœur plein de bonheur, retourna chez lui. Il trouva sa famille rassemblée autour de la table, impatiente de célébrer Noël. Léon leur raconta son aventure incroyable et leur montra le livre magique. Ensemble, ils se plongèrent dans les histoires du livre, découvrant des contes merveilleux et des recettes fantastiques.

Cette nuit-là, le village de Grand-Coton fut illuminé par des rires et de la joie. Les habitants célébrèrent Noël avec une nouvelle appréciation pour la magie et l'esprit de Noël, inspirés par l'aventure de Léon. Le livre magique trouva une place spéciale dans la maison de Léon, et chaque année, pendant les fêtes, il et sa famille l'ouvraient pour explorer de nouvelles histoires et recettes, se remémorant l'aventure éblouissante qui avait rendu leur Noël si exceptionnel.

Léon the Magnificent's Dazzling Christmas Adventure

In the peaceful village of Grand-Coton, where snowflakes swirled like starry dancers, lived a young boy named Léon. Léon was not an ordinary boy. With his tousled brown hair and sparkling eyes full of curiosity, he spent his days exploring every nook and cranny of his village, always on the lookout for new adventures.

As Christmas approached, Grand-Coton transformed into a true winter wonderland. Houses were decorated with twinkling garlands, trees sparkled with lights, and the streets were filled with the aroma of roasted chestnuts and Christmas cookies. Léon loved Christmas more than anything, but this year, he had decided it would be the most extraordinary Christmas ever.

On the morning of December 24th, Léon woke up with palpable excitement. After putting on his red woolen sweater with white polka dots (which he affectionately called his "magical Christmas sweater"), he went to the living room to see what Santa had left. But what he discovered made his eyes widen: a mysterious package under the tree, without a tag or a name.

Léon was eager to find out what was inside this package. His hands trembled as he tore the colorful wrapping paper, revealing a wooden box adorned with golden patterns. On the lid was a message: "A Dazzling Adventure awaits you. Follow the clues and discover the true spirit of Christmas."

Excited, Léon opened the box and found an old map, a sketchbook, and a small bag of golden paper stars. The map was decorated with mysterious drawings and arrows pointing to a series of strange locations around the village. "What does all this mean?" Léon wondered.

He looked at the sketchbook and discovered it was filled with drawings of various places in Grand-Coton, all marked with a golden star. Léon realized he needed to follow the clues to discover something special. With the map in hand and the golden stars in the bag, he set off on the most incredible Christmas adventure of his life.

The first clue led him to the village bakery. Léon entered the bakery, where the smell of fresh bread and pastries filled the air. The baker, Mrs. Boulard, was decorating gingerbread cookies.

"Hello, Mrs. Boulard!" exclaimed Léon. "I'm looking for a clue for a special adventure. Have you seen anything unusual today?"

Mrs. Boulard smiled and nodded. "Hmm, now that you mention it, I did see a strange little package behind the counter this morning. Perhaps it could help you." She pointed to a shiny package.

Léon took the package with hopeful eyes. Opening it, he discovered a small box containing another clue: a charming gingerbread man with a golden star pendant around his neck. Under the gingerbread man was a piece of paper with instructions: "Seek the melody of happiness for your next clue."

"The melody of happiness?" Léon wondered. He thought for a moment and remembered that the village usually sang Christmas carols in the park on the evening of December 24th. So, he headed to the park, where villagers were already gathering to sing Christmas carols.

When Léon arrived at the park, he saw the group of cheerful singers, and among them, a small cart with musical instruments. Léon approached the cart and noticed another package hidden behind the drums. He grabbed it and opened it with anticipation. Inside, he found a small metal box with a golden key and a message: "The key to the next step is where the lights twinkle."

Léon looked around and saw the twinkling lights. Christmas garlands illuminated the park's trees, creating a magical display. He followed the twinkling lights to a large wooden house adorned with hundreds of flashing lights. The house belonged to Mr. and Mrs. Fontaine, the oldest residents of the village.

Léon knocked on the door, and Mrs. Fontaine answered with a warm smile. "Hello, Léon! What brings you here at this time?"

"I'm searching for a clue for a Christmas adventure. The message says the key is where the lights twinkle, so I thought it might be here," Léon explained.

Mrs. Fontaine nodded in understanding and led him to the living room, where a large wooden box adorned with twinkling lights stood near the tree. "Perhaps the key is inside this box," suggested Mrs. Fontaine.

Léon opened the box and found a beautiful leather-bound notebook with golden pages. On the first page was a handwritten note: "For the next clue, go to the place where children laugh and play."

Léon knew exactly where to go. He headed to the village square, where a large ice skating rink was set up. Children were joyfully sliding on the ice, laughing and playing. Léon searched among the children and noticed a stand where a small box was sitting on the counter.

He approached the stand and asked the cheerful young man named Luc if he had seen anything unusual. Luc smiled and pointed to the box. "Ah, it's over there. There's a message inside."

Léon opened the box and found a card with a new riddle: "Seek the final clue where the stars dance in the sky."

Léon looked up and saw the twinkling stars in the night sky. He realized the final clue might be at the hill behind the village, where one could see the starry sky. He climbed the hill and, at the top, discovered a small box hidden under a bush.

He opened it and found a final message: "Congratulations, Léon! You have solved all the clues and discovered the true spirit of Christmas. The reward awaits you at the foot of the village's grand Christmas tree."

Léon quickly returned to the village, headed to the grand tree illuminated in the main square, and found a sparkling package under the tree. With renewed excitement, he unwrapped the package to find a magnificent book titled "The Magical

Christmas Tales." The book was filled with fantastic stories and enchanting Christmas recipes. Next to the book was a letter from Santa Claus himself.

The letter read: "Dear Léon, you have proven that the true spirit of Christmas lies in the quest for joy and happiness for others. This book is for you, to remind you that the magic of Christmas is found in sharing, laughter, and the adventures we experience together. Congratulations and Merry Christmas!"

With his heart full of happiness, Léon returned home. He found his family gathered around the table, eager to celebrate Christmas. Léon shared his incredible adventure and showed them the magical book. Together, they delved into the stories of the book, discovering wonderful tales and fantastic recipes.

That night, the village of Grand-Coton was illuminated by laughter and joy. The villagers celebrated Christmas with a renewed appreciation for magic and the spirit of the season, inspired by Léon's adventure. The magical book found a special place in Léon's home, and every year during the holidays, he and his family would open it to explore new stories and recipes, reminiscing about the dazzling adventure that made their Christmas so exceptional.

L'Incroyable Noël de Félix

Dans le petit village de Saint-Étoile, où la neige tombait en flocons légers et scintillants comme des diamants, vivait un jeune garçon nommé Félix. Félix était connu dans tout le village pour son incroyable intelligence et ses idées farfelues. Avec ses cheveux ébouriffés et ses lunettes rondes qui glissaient toujours sur son nez, il était le roi des inventions et des aventures extraordinaires.

À l'approche de Noël, Saint-Étoile se transformait en un véritable conte de fées hivernal. Les maisons étaient décorées de guirlandes dorées, les sapins brillaient de mille feux, et les rues étaient envahies par l'arôme sucré des biscuits de Noël. Félix, comme tous les enfants du village, était impatient que le Père Noël arrive. Mais cette année, il avait décidé que Noël serait différent. Il voulait rendre ce Noël mémorable non seulement pour lui mais pour tout le village.

Le matin du 24 décembre, Félix se réveilla avec une excitation palpable. Il descendit en trombe les escaliers de sa maison, la lumière du jour filtra à travers les rideaux, illuminant la pièce de teintes dorées. En entrant dans la salle à manger, il découvrit une boîte ornée de rubans rouges et verts sur la table. Curieux, il l'ouvrit pour trouver une note rédigée de manière ornée : « Cher Félix, pour ce Noël, une aventure t'attend. Suis les indices et découvre le véritable esprit de Noël. »

Le cœur battant d'excitation, Félix lut la note. La première étape de l'aventure était marquée sur une vieille carte avec des dessins étranges. Elle indiquait le chemin vers le parc du village où un indice l'attendait. Félix enfilait son manteau en laine épaisse, ses gants et son bonnet en laine tricoté par sa grand-mère, et se dirigea vers le parc.

Le parc était enveloppé d'une couverture de neige brillante, et les décorations de Noël brillaient dans le crépuscule. Félix chercha le premier indice et trouva un petit sac accroché à une branche d'arbre. Il l'ouvrit pour découvrir un morceau de papier avec un dessin d'une étoile filante et une phrase mystérieuse : « Où les rires s'élèvent et les chants résonnent, tu trouveras le prochain indice. »

Félix réfléchit un moment et se souvint que chaque année, le village se réunissait pour chanter des chants de Noël près de la grande fontaine au centre du village. Il courut donc vers la fontaine où un groupe de villageois chantait gaiement. Il chercha parmi les chants joyeux et trouva un petit paquet caché sous un coussin en velours.

Il déballa le paquet et trouva une clé dorée et une nouvelle note : « La clé t'ouvrira le chemin vers une boîte secrète. Cherche la boîte près de l'endroit où le sapin brille le plus fort. »

Félix comprit que la boîte devait se trouver près du grand sapin de Noël qui se dressait majestueusement sur la place principale du village. Il se précipita vers le sapin, qui était décoré de milliers de lumières scintillantes, et chercha autour de la base du sapin. Finalement, il trouva une petite boîte cachée sous un tas de neige.

Il utilisa la clé pour l'ouvrir, découvrant à l'intérieur un message : « Le dernier indice t'amènera vers un endroit rempli de douceur. Suis le chemin de la lumière et des étoiles. »

Félix réfléchit à la signification de ce message. Il pensa aux lumières de Noël qui illuminaient les vitrines des magasins du village. Il se dirigea donc vers la rue principale, où les vitrines des magasins étaient ornées de décorations étincelantes. À l'intérieur de la vitrine de la confiserie, il remarqua un autre paquet brillamment décoré.

Félix entra dans la confiserie et demanda au propriétaire, Monsieur Sucre, s'il avait vu quelque chose d'étrange. Monsieur Sucre lui sourit et lui montra un paquet caché derrière un étagère. Félix le prit avec impatience et l'ouvrit pour découvrir un autre indice : un message en forme de bonhomme en pain d'épices avec une étoile dorée suspendue à son cou. Le message disait : « La magie de Noël t'attend là où les étoiles brillent le plus fort. »

Félix se dirigea vers l'endroit où les étoiles étaient les plus brillantes. Il savait que la meilleure vue des étoiles pouvait être observée depuis la colline derrière le village. Il monta la colline, son cœur battant d'anticipation. En haut, il découvrit une boîte en métal cachée sous un rocher. Il l'ouvrit pour trouver un dernier message : « Tu as trouvé tous les indices, et maintenant la récompense t'attend au pied du grand sapin. »

Félix redescendit rapidement vers la place principale. Il se précipita vers le grand sapin de Noël et chercha sous les branches. Là, il trouva un paquet magnifiquement décoré avec un ruban doré. En l'ouvrant, il découvrit un magnifique livre en cuir relié doré, intitulé « Les Histoires Enchantées de Noël ». Le livre était rempli d'histoires captivantes et de recettes de Noël magiques. À côté du livre se trouvait une note écrite par le Père Noël lui-même : « Cher Félix, tu as prouvé que l'esprit de Noël réside dans la quête de la joie et du bonheur pour les autres. Ce livre est pour toi, pour te rappeler que la magie de Noël se trouve dans le partage et les moments que nous vivons ensemble. Joyeux Noël ! »

Félix rentra chez lui, le cœur plein de joie. Il trouva sa famille rassemblée autour de la table, impatiente de célébrer Noël. Félix leur raconta son aventure incroyable et leur montra le livre magique. Ensemble, ils plongèrent dans les histoires du livre, découvrant des contes merveilleux et des recettes fantastiques.

Cette nuit-là, le village de Saint-Étoile fut illuminé par des rires et de la joie. Les habitants célébrèrent Noël avec une nouvelle appréciation pour la magie et l'esprit de Noël, inspirés par l'aventure de Félix. Le livre magique trouva une place spéciale dans la maison de Félix, et chaque année, pendant les fêtes, il et sa famille l'ouvraient pour explorer de nouvelles histoires et recettes, se remémorant l'incroyable Noël qui avait rendu leur célébration si exceptionnelle.

Félix's Incredible Christmas

In the quaint village of Saint-Étoile, where snowflakes fell like light, shimmering diamonds, lived a young boy named Félix. Félix was known throughout the village for his incredible intelligence and quirky ideas. With his tousled hair and round glasses that always slipped down his nose, he was the king of inventions and extraordinary adventures.

As Christmas approached, Saint-Étoile transformed into a true winter fairy tale. Houses were decorated with golden garlands, trees sparkled with lights, and the streets were filled with the sweet aroma of Christmas cookies. Félix, like all the children in the village, was eagerly awaiting Santa Claus. But this year, he decided that Christmas would be different. He wanted to make this Christmas memorable not only for himself but for the whole village.

On the morning of December 24th, Félix woke up with palpable excitement. He dashed down the stairs of his house, as daylight filtered through the curtains, casting golden hues on the room. Entering the dining room, he discovered a box adorned with red and green ribbons on the table. Curious, he opened it to find a note written in ornate script: "Dear Félix, for this Christmas, an adventure awaits you. Follow the clues and discover the true spirit of Christmas."

With his heart racing with excitement, Félix read the note. The first step of the adventure was marked on an old map with strange drawings. It pointed the way to the village park where a clue awaited him. Félix put on his thick wool coat, gloves, and the knitted hat made by his grandmother, and headed to the park.

The park was covered with a sparkling blanket of snow, and the Christmas decorations shone in the dusk. Félix searched for the first clue and found a small bag hanging from a tree branch. He opened it to discover a piece of paper with a drawing of a shooting star and a mysterious phrase: "Where laughter rises and songs resonate, you will find the next clue."

Félix thought for a moment and remembered that each year, the village gathered to sing Christmas carols by the large fountain in the center of the village. He ran to the fountain where a group of villagers were singing merrily. He searched among the joyful songs and found a small package hidden under a velvet cushion.

He unwrapped the package and found a golden key and a new note: "The key will open the path to a secret box. Look for the box near the place where the tree shines the brightest."

Félix understood that the box must be near the grand Christmas tree standing majestically in the village square. He rushed to the tree, which was decorated with thousands of twinkling lights, and searched around the base. Finally, he found a small box hidden under a pile of snow. He used the key to open it and discovered a message inside: "The last clue will lead you to a place filled with sweetness. Follow the path of light and stars."

Félix pondered the meaning of this message. He thought of the Christmas lights that adorned the shop windows in the village.

He headed to the main street, where the shop windows were decorated with sparkling ornaments. Inside the confectionery shop's window, he noticed another brightly decorated package.

Félix entered the confectionery and asked the owner, Mr. Sugar, if he had seen anything unusual. Mr. Sugar smiled and pointed to a package hidden behind a shelf. Félix took it eagerly and opened it to find another clue: a message in the shape of a gingerbread man with a golden star hanging around his neck. The message read: "The magic of Christmas awaits where the stars shine the brightest."

Félix headed to the place where the stars were the brightest. He knew the best view of the stars could be seen from the hill behind the village. He climbed the hill, his heart pounding with anticipation. At the top, he discovered a metal box hidden under a rock. He opened it to find a final message: "You have found all the clues, and now the reward awaits you at the foot of the grand tree."

Félix hurried back to the village square. He rushed to the grand Christmas tree and searched beneath its branches. There, he found a beautifully decorated package with a golden ribbon. Unwrapping it, he discovered a magnificent leather-bound book, titled "The Enchanted Christmas Tales." The book was filled with captivating stories and magical Christmas recipes. Next to the book was a note written by Santa Claus himself: "Dear Félix, you have proven that the spirit of Christmas lies in the quest for joy and happiness for others. This book is for you, to remind you that the magic of Christmas is found in sharing and the moments we experience together. Merry Christmas!"

Félix returned home, his heart full of joy. He found his family gathered around the table, eager to celebrate Christmas. Félix shared his incredible adventure and showed them the magical book. Together, they delved into the book's stories, discovering wonderful tales and fantastic recipes.

That night, the village of Saint-Étoile was illuminated with laughter and joy. The villagers celebrated Christmas with a renewed appreciation for magic and the spirit of the season, inspired by Félix's adventure. The magical book found a special place in Félix's home, and every year during the holidays, he and his family would open it to explore new stories and recipes, reminiscing about the incredible Christmas that made their celebration so exceptional.

Le Noël Étonnant des Animaux de la Forêt

Dans une forêt enchantée où les arbres se drapaient de neige scintillante et où les étoiles semblaient danser au rythme du vent, vivait une troupe d'animaux qui se préparait pour Noël. Cette forêt, connue sous le nom de Bois-des-Merveilles, était un lieu magique où les animaux de toutes sortes se réunissaient chaque année pour célébrer Noël avec des festivités spectaculaires.

Le leader des animaux était un vieux cerf sage nommé Gaston. Avec ses imposantes cornes dorées et ses yeux brillants comme des étoiles, Gaston était respecté par tous. Cette année, il avait un plan très spécial pour Noël. Il voulait organiser une fête surprise pour tous les animaux, avec des décorations scintillantes, des festins délicieux, et un concours de chants de Noël.

Les préparatifs avaient commencé tôt. Les écureuils agiles, comme Clara et Albert, avaient pris en charge la décoration de la forêt. Ils se hissaient aux branches des arbres, accrochant des guirlandes étincelantes et des boules colorées. Les hiboux, qui avaient des plumes argentées et dorées, s'occupaient de la musique. Ils chantaient des chansons de Noël tout en ajustant les cordes de leurs instruments faits maison.

Les lapins, menés par la joyeuse Sophie, préparaient des délices pour le festin. Ils cuisaient des biscuits en forme d'étoiles, de sapins et de bonhommes de neige, et préparaient des boissons chaudes à base de miel et de cannelle. Les renards, toujours habiles avec leurs pattes agiles, avaient installé une piste de danse au milieu de la clairière, recouverte de neige scintillante pour faire briller les pas des danseurs.

Le jour de Noël approchait à grands pas, et l'excitation était palpable dans la forêt. Les animaux se retrouvaient pour répéter leurs chants et peaufiner leurs costumes. Les écureuils portaient des bonnets de Noël, les hiboux des écharpes en laine colorées, et les lapins des tabliers aux motifs festifs. Tout semblait prêt pour la grande fête, mais Gaston avait gardé une chose secrète : il avait prévu une surprise incroyable pour les animaux.

Le soir du 24 décembre, la forêt était illuminée par les lumières scintillantes des décorations. Les étoiles brillaient dans le ciel, et une douce neige tombait, créant une ambiance magique. Les animaux se rassemblèrent autour de l'immense sapin de Noël, décoré de guirlandes dorées, de boules colorées, et d'étoiles brillantes. Gaston, vêtu d'un manteau rouge et d'un chapeau de Noël, monta sur une scène improvisée faite de branches et de feuilles.

« Mes chers amis, » annonça Gaston avec enthousiasme, « bienvenue à notre fête de Noël annuelle ! Ce soir, nous allons chanter, danser et déguster les délices que nous avons préparés. Mais avant cela, j'ai une surprise très spéciale pour vous ! »

Les animaux regardèrent Gaston avec des yeux écarquillés, impatients de découvrir la surprise. Gaston fit un signe aux hiboux, qui commencèrent à jouer une mélodie entraînante. Soudain, un groupe d'animaux déguisés en lutins de Noël fit son apparition. Ils dansaient, sautaient et faisaient des pirouettes, et leurs costumes colorés brillaient dans la lumière des décorations.

« Ce sont les lutins de Noël de la forêt ! » s'exclama Gaston. « Ils sont venus pour nous montrer leurs talents et nous divertir ce soir ! »

Les animaux applaudirent et encouragèrent les lutins, qui réalisèrent des acrobaties spectaculaires. Les lapins se mirent à chanter des chansons de Noël, tandis que les renards dansaient avec énergie sur la piste de danse. Les hiboux jouaient des airs festifs, et les écureuils distribuaient des biscuits aux invités.

La fête battait son plein, et tout le monde s'amusait. Mais l'excitation monta encore d'un cran lorsque Gaston annonça la prochaine activité : le concours de chants de Noël. Chaque groupe d'animaux allait interpréter une chanson, et un jury composé de la sage chouette, du vieux hibou, et de l'ours bienveillant allait évaluer les performances.

Les écureuils chantèrent une chanson joyeuse sur les étoiles et les cadeaux. Les lapins interprétèrent une mélodie douce sur la magie de Noël. Les renards, avec leur énergie débordante, chantèrent une chanson rythmée sur la neige et les fêtes. Chaque performance fut acclamée par les autres animaux, et les rires et les applaudissements remplissaient la forêt.

Finalement, le jury se retira pour délibérer et déterminer les gagnants. Pendant ce temps, les animaux se régalèrent avec les délices préparés par les lapins et discutèrent de leurs performances. L'atmosphère était empreinte de bonheur et de chaleur.

Après une courte attente, le jury revint avec les résultats. Les animaux se rassemblèrent autour de Gaston, qui était prêt à annoncer les gagnants. Les écureuils, les lapins et les renards avaient tous reçu des prix pour leurs prestations exceptionnelles. Mais la véritable surprise de la soirée n'était pas le concours de chants. Gaston dévoila une grande boîte ornée de rubans dorés et d'étoiles scintillantes.

« Cette boîte contient quelque chose de très spécial, » dit Gaston avec un sourire mystérieux. « Elle est remplie de souhaits pour chacun d'entre vous. Chaque animal a écrit un souhait pour Noël, et nous allons les découvrir ensemble. »

Les animaux se rassemblèrent autour de la boîte, impatients de voir ce qui se cachait à l'intérieur. Gaston ouvrit la boîte et en sortit des petits papiers décorés, chacun portant le nom d'un animal et son souhait pour Noël. Les animaux se mirent à lire les souhaits à haute voix, découvrant les rêves et les espoirs de chacun.

Les souhaits allaient des plus simples, comme « plus de biscuits pour tout le monde », à des rêves plus grands, comme « que la paix règne dans toute la forêt ». Chaque souhait était accueilli par des sourires et des applaudissements, et l'atmosphère était remplie d'un sentiment de communauté et de bonheur partagé.

Finalement, Gaston prit la parole pour conclure la soirée. « Mes chers amis, ce Noël est exceptionnel non seulement parce que nous avons partagé une soirée magnifique, mais aussi parce que nous avons découvert que la véritable magie de Noël réside dans le partage et la joie que nous apportons aux autres. Merci à chacun d'entre vous pour avoir fait de cette fête un moment inoubliable. Joyeux Noël à tous ! »

Les animaux se mirent à chanter une dernière chanson de Noël, se tenant par la patte ou la patte, créant une grande chaîne de solidarité et d'amour. Les étoiles brillaient au-dessus de la forêt, et la neige continuait de tomber doucement, recouvrant le Bois-des-Merveilles d'un manteau de magie.

La fête se termina par un grand repas partagé autour du feu, avec des histoires de Noël racontées et des rires échangés. Les animaux rentrèrent chez eux avec des cœurs remplis de bonheur, impatients de célébrer Noël l'année suivante avec encore plus de joie et de surprises.

Le lendemain matin, le Bois-des-Merveilles se réveilla dans une atmosphère de sérénité. Les animaux se retrouvaient autour du sapin pour échanger leurs derniers vœux et partager un dernier repas festif. Gaston, le vieux cerf sage, se tenait au centre, observant la forêt emplie de bonheur et de chaleur.

Et ainsi, le Noël des animaux du Bois-des-Merveilles devint une tradition encore plus précieuse chaque année, rappelant à tous que la magie de Noël se trouvait dans les moments partagés et la joie apportée aux autres.

The Astonishing Christmas of the Forest Animals

In an enchanted forest where the trees were draped in sparkling snow and the stars seemed to dance to the rhythm of the wind, lived a troop of animals preparing for Christmas. This forest, known as the Woodland Wonders, was a magical place where animals of all kinds gathered every year to celebrate Christmas with spectacular festivities.

The leader of the animals was an old, wise stag named Gaston. With his impressive golden antlers and eyes shining like stars, Gaston was respected by all. This year, he had a very special plan for Christmas. He wanted to organize a surprise party for all the animals, with sparkling decorations, delicious feasts, and a Christmas carol contest.

Preparations began early. Agile squirrels, like Clara and Albert, took charge of decorating the forest. They climbed the tree branches, hanging sparkling garlands and colorful baubles. The owls, with their silver and golden feathers, took care of the music. They sang Christmas carols while adjusting the strings of their homemade instruments.

The rabbits, led by the cheerful Sophie, prepared treats for the feast. They baked cookies shaped like stars, trees, and snowmen, and brewed hot drinks made from honey and cinnamon. The foxes, always skilled with their nimble paws, set up a dance floor in the middle of the glade, covered in shimmering snow to make the dancers' steps sparkle.

Christmas Eve was approaching, and the excitement was palpable in the forest. The animals gathered to rehearse their songs and finalize their costumes. The squirrels wore Christmas hats, the owls donned colorful woolen scarves, and the rabbits sported festive aprons. Everything seemed ready for the big party, but Gaston had kept one thing a secret: he had planned an incredible surprise for the animals.

On the night of December 24th, the forest was illuminated by the twinkling lights of decorations. The stars shone in the sky, and gentle snow fell, creating a magical ambiance. The animals gathered around the huge Christmas tree, decorated with golden garlands, colorful baubles, and bright stars. Gaston, dressed in a red coat and a Santa hat, took the stage made from branches and leaves.

"Dear friends," Gaston announced enthusiastically, "welcome to our annual Christmas party! Tonight, we will sing, dance, and enjoy the treats we've prepared. But before that, I have a very special surprise for you!"

The animals looked at Gaston with wide eyes, eager to see the surprise. Gaston signaled the owls, who began playing a lively melody. Suddenly, a group of animals dressed as Christmas elves appeared. They danced, jumped, and twirled, their colorful costumes sparkling in the light of the decorations.

"These are the Christmas elves of the forest!" exclaimed Gaston. "They've come to show us their talents and entertain us tonight!"

The animals cheered and encouraged the elves, who performed spectacular acrobatics. The rabbits sang Christmas songs, while the foxes danced energetically on the dance floor. The owls played festive tunes, and the squirrels handed out cookies to the guests.

The party was in full swing, and everyone was having fun. But the excitement reached new heights when Gaston announced the next activity: the Christmas carol contest. Each group of animals would perform a song, and a jury consisting of the wise old owl, the old owl, and the kind bear would judge the performances.

The squirrels sang a cheerful song about stars and presents. The rabbits performed a gentle melody about the magic of Christmas. The foxes, with their boundless energy, sang a rhythmic song about snow and festivities. Each performance was met with cheers and applause, and the forest was filled with laughter and clapping.

Finally, the jury retired to deliberate and determine the winners. Meanwhile, the animals enjoyed the treats prepared by the rabbits and discussed their performances. The atmosphere was filled with happiness and warmth.

After a short wait, the jury returned with the results. The animals gathered around Gaston, who was ready to announce the winners. The squirrels, the rabbits, and the foxes all received awards for their exceptional performances. But the real surprise of the evening was not the carol contest. Gaston revealed a large box adorned with golden ribbons and sparkling stars.

"This box contains something very special," said Gaston with a mysterious smile. "It's filled with wishes for each of you. Each animal wrote a wish for Christmas, and we're going to discover them together."

The animals gathered around the box, eager to see what was inside. Gaston opened the box and pulled out little decorated papers, each bearing an animal's name and its Christmas wish. The animals began reading the wishes aloud, discovering the dreams and hopes of each one.

The wishes ranged from the simplest, like "more cookies for everyone," to bigger dreams, like "may peace reign throughout the forest." Each wish was met with smiles and applause, and the atmosphere was filled with a sense of community and shared happiness.

Finally, Gaston took the floor to conclude the evening. "Dear friends, this Christmas is special not only because we've shared a wonderful evening, but also because we've discovered that the true magic of Christmas lies in sharing and the joy we bring to others. Thank you all for making this party an unforgettable moment. Merry Christmas to all!"

The animals sang one last Christmas song, holding paws or hooves, creating a great chain of solidarity and love. The stars shone above the forest, and the snow continued to fall gently, covering the Woodland Wonders in a blanket of magic.

The party ended with a grand meal shared around the fire, with Christmas stories told and laughter exchanged. The animals returned to their homes with hearts full of joy, looking forward to celebrating Christmas the following year with even more joy and surprises.

The next morning, the Woodland Wonders awoke in an atmosphere of serenity. The animals gathered around the tree to exchange their final wishes and share one last festive meal. Gaston, the wise old stag, stood at the center, observing the forest filled with happiness and warmth.

And so, the Christmas of the Woodland Wonders animals became an even more precious tradition each year, reminding everyone that the magic of Christmas lay in the moments shared and the joy brought to others.